Aled Afal

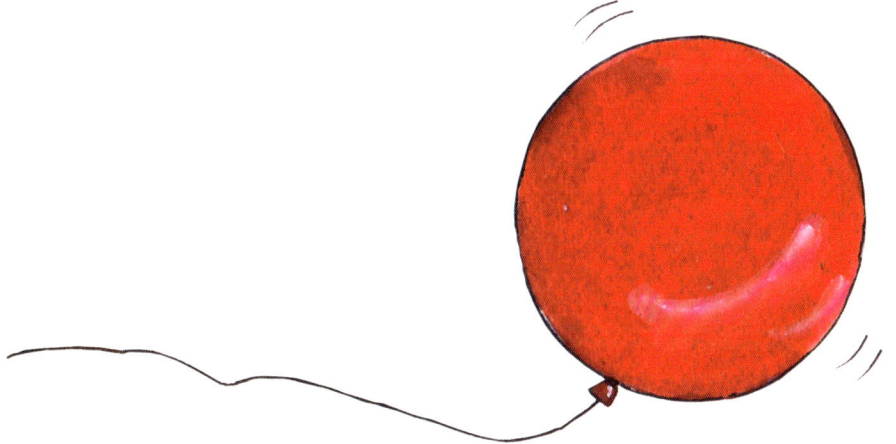

Ysgrifennwyd gan Delyth Owen

Darluniau gan Anne Fitzgerald

Dyma Aled Afal. Mae Aled Afal yn wyrdd.

Dyma dŷ Aled Afal. Mae'r tŷ yn frown. Mae tair ffenest yn y tŷ.

Mae un drws bach yn y tŷ.

Mae'r drws bach yn goch.

Mae'r drws bach coch ar agor. Mae Aled Afal yn y tŷ.

Mae Aled Afal yn y lolfa.

Mae e'n darllen llyfr.

Mae Aled Afal yn y gegin.

Mae e'n cael swper.

Mae Aled Afal yn yr ystafell ymolchi. Mae e'n cael hwyl.

Mae Aled Afal yn yr ystafell wely. Mae e wedi blino.

Nos da Aled Afal.

Aled Afal

Ysgrifennwyd gan Delyth Owen

Darluniau gan Anne Fitzgerald

Cynhyrchiad: Treehouse Tales

Mae Coeden Aled, Aled Afal, Alwen Malwen, Nionyn, Luigi Lemwn, Matilda Tomato, Oriol Oren ac Ana Banana yn nodau marchnad o Treehouse Tales Ltd.

Cedwir pob hawl.

Ni chaniateir atgynhyrchu unrhyw ran o'r llyfr hwn, na'i storio mewn system adferadwy, na'i drosglwyddo mewn unrhyw ddull, na thrwy unrhyw gyfrwng electronig, peirianyddol, llungopio, recordio nac mewn unrhyw ffordd arall heb ganiatad ymlaen llaw gan Treehouse Tales Ltd, 2015.

www.treehousetales.co.uk

Wedi ei argraffu gan Zenith Media, Tonypandy

Diolch i Nesta Ellis am ei chyfraniad.

ISBN 978-1-905386-16-1